MINISTÈRE DE L'INSTRUCTION PUBLIQUE.

RAPPORT AU ROI

SUR

L'ÉTAT DES TRAVAUX EXÉCUTÉS DEPUIS 1835 JUSQU'EN 1847

POUR

LE RECUEIL ET LA PUBLICATION DES DOCUMENTS INÉDITS

Relatifs à l'histoire de France.

PARIS,

IMPRIMERIE ADMINISTRATIVE DE PAUL DUPONT,

Rue de Grenelle-Saint-Honoré, 55.

1847

MINISTÈRE DE L'INSTRUCTION PUBLIQUE.

RAPPORT AU ROI

SUR

L'état des travaux exécutés depuis 1835 jusqu'en 1847 pour le Recueil et la publication des Documents inédits relatifs à l'histoire de France.

15 avril 1847.

Sire,

J'ai eu l'honneur de soumettre à Votre Majesté, pendant ma première administration (1), un exposé des travaux exécutés de 1835 à 1839 pour le Recueil des documents inédits relatifs à l'histoire de France, qui se publie par vos ordres et par les soins du ministère de l'instruction publique.

Dès cette époque, cette entreprise toute nationale, dont l'un de mes plus illustres prédécesseurs avait conçu la pensée, et à laquelle, grâce à votre haute approbation et au concours éclairé des chambres, il avait pu donner un commencement d'exécution, avait reçu de grands développements et produit d'importants ré-

(1) Rapport au Roi sur le budget général des dépenses pour l'exercice 1840 (janvier 1839).

sultats. L'organisation des comités historiques avait été complétée, et une vive impulsion donnée aux études d'histoire et d'archéologie nationales. Plusieurs publications intéressantes avaient été commencées ou terminées. Je ne reviendrai pas sur le mérite de ces publications, qui ont déjà été appréciées dans de précédents rapports (1). Je me contenterai de remettre sous les yeux de Votre Majesté la simple énumération de celles qui avaient été, dès lors, livrées au public.

— Les tomes I et II des *Négociations relatives à la succession d'Espagne sous Louis XIV*, publiés par M. Mignet.

— Les trois premiers volumes des *Mémoires militaires relatifs à la succession d'Espagne*, extraits de la Correspondance de la cour et des généraux, par le lieutenant général Devault, publiés par M. le lieutenant général Pelet, et accompagnés de cartes géographiques et de plans nécessaires à l'intelligence des opérations militaires.

— Les deux premiers volumes de la *Chronique des ducs de Normandie*, par Benoît, trouvère anglo-normand, du douzième siècle, publiés par M. Francisque Michel, d'après un manuscrit du musée britannique.

— *Journal des états généraux de France tenus à Tours en 1484 sous le règne de Charles VIII*, rédigé en latin par Jehan Masselin, député du bailliage de Rouen, publié et traduit pour la première fois sur les manuscrits inédits de la Bibliothèque du roi, par M. Adhelm Bernier.

— *Ouvrages inédits d'Abélard pour servir à l'histoire de la philosophie scolastique en France*, publiés par M. Victor Cousin.

— *Les Procès-verbaux du conseil de régence du roi Charles VIII pendant les mois d'août 1484 à janvier 1485*, publiés par M. Adhelm Bernier.

— *Règlements sur les arts et métiers de Paris*, rédigés au

---

(1) Rapport de M. Guizot au Roi, 27 novembre 1834.
Id. 2 décembre 1835.

treizième siècle et connus sous le nom de *Livre des métiers d'Etienne Boileau*, publiés par M. Depping.

— *Paris sous Philippe le Bel*, d'après des documents originaux et notamment d'après un manuscrit contenant le rôle de la taille imposée sur les habitants de Paris en 1292, publié par M. H. Géraud.

— *La Croisade contre les hérétiques albigeois*, écrite en vers provençaux par un poëte contemporain, traduite et publiée par M. Fauriel.

— *Relations des ambassadeurs vénitiens sur les affaires de France au treizième siècle*, recueillies et traduites par M. Tommaseo.

— *Rapport sur les monuments historiques des arrondissements de Nancy et de Toul*, accompagné de cartes, plans et dessins, par M. Grille de Beuzelin.

— Les *Eléments de paléographie*, par M. Natalis de Wailly. Je dois remarquer que cette dernière publication a beaucoup contribué, depuis quelques années, à répandre le goût des études paléographiques et des recherches historiques, et à augmenter le nombre de nos collaborateurs.

C'est là que s'arrêtaient les résultats obtenus jusqu'en 1839, et dont j'ai eu l'honneur de rendre compte précédemment à Votre Majesté. Depuis lors, et dans un intervalle de huit années, ces publications commencées ont été continuées ou achevées ; de nouvelles ont été entreprises et se poursuivent activement. J'en mettrai le détail sous les yeux de Votre Majesté.

M. Mignet, avec ce dévouement qui ne s'égale qu'à la supériorité de sa raison et de son esprit, a ajouté *aux Négociations relatives à la succession d'Espagne sous Louis XIV* deux nouveaux volumes qui embrassent dix années bien importantes, de 1668 à 1678, et qui contiennent les négociations suivies par le grand roi pour la dissolution de l'alliance formée contre la France par la Hollande, l'Angleterre et la Suède, l'histoire de l'invasion de la Hollande, de la chute et de la mort des deux frères Jean et Corneille de Witt, et de la guerre qui fut terminée par la paix de Nimègue.

L'habile historien a su, comme dans son précédent travail, encadrer dans son récit ferme et animé les extraits les plus intéressants d'une masse de lettres et de dépêches.

M. le lieutenant général baron Pelet a continué le Recueil qui, sous le titre de *Mémoires militaires relatifs à la succession d'Espagne*, présente le côté militaire de la grande lutte dont le travail de M. Mignet offre le côté diplomatique. Les tomes IV, V et VI ont paru ; ils contiennent de curieux et importants documents sur les campagnes de Flandre, d'Italie et d'Allemagne en 1704, 1705 et 1706, et sont accompagnés de cartes géographiques et de plans détaillés de plusieurs places fortes d'Allemagne, de Piémont, de Lombardie et des Pays-Bas.

M. Francisque Michel, chargé de l'édition de la *Chronique des ducs de Normandie*, a publié le troisième et dernier volume de cette Chronique. Il y a joint un poëme anglo-normand de Jordan Fantosme, dans lequel se trouvent racontés les démêlés survenus au douzième siècle entre les Anglais et les Ecossais, et qui se rattache à l'histoire de France par l'intervention de Louis VII. C'est un document intéressant sous le double point de vue historique et philologique.

Trois volumes ont été publiés par M. Eugène Sue, sous le titre de *Correspondance de Henri d'Escoubleau de Sourdis, archevêque de Bordeaux, chef des conseils du roi en l'armée navale, commandeur du Saint-Esprit*, *primat d'Aquitaine*, etc., augmentée des ordres, instructions et lettres de Louis XIII et du cardinal de Richelieu à M. de Sourdis, concernant les opérations des flottes françaises de 1636 à 1642. L'ensemble de ces documents, qui se rapportent à l'histoire de nos hostilités contre la maison d'Autriche à cette époque, jette le plus grand jour sur plusieurs événements des dernières années du règne de Louis XIII. L'éditeur de ce recueil y a joint un texte historique, des notes et une introduction sur l'état de la marine de France sous le ministère du cardinal de Richelieu.

Les six premiers volumes des *Archives administratives et législatives de la ville de Reims*, publiées par P. Varin, ont paru. Dans cette collection, qui a pour objet de faire connaître les institutions municipales au moyen âge, se trouvent constatées, par des pièces originales, les variations du gouvernement intérieur d'une cité puissante depuis l'invasion barbare jusqu'au seizième siècle. Les deux derniers volumes sont sous presse.

La *Chronique du religieux anonyme de Saint-Denys*, publiée en latin pour la première fois et traduite par M. L. Bellaguet, est arrivée au cinquième volume. Cette Chronique, qui contient le règne de Charles VI de 1380 à 1422, est une des sources les plus précieuses de nos connaissances historiques, pour tout ce qui se rapporte aux faits civils, politiques et religieux de cette époque. M. le baron de Barante, qui a bien voulu diriger cette publication comme membre d'un des comités historiques, y a joint une introduction, dans laquelle sont appréciées l'utilité de la Chronique et le mérite du chroniqueur. Le sixième et dernier volume de cet ouvrage va être livré à l'impression.

La *Chronique en vers de Bertrand Duguesclin par Cuvelier, trouvère du quatorzième siècle*, qui a été publiée en deux volumes par M. Charrière, n'est pas seulement une biographie d'une des plus grandes renommées de notre pays; c'est aussi la première histoire écrite sur les particularités de la guerre de la succession de Bretagne, sur l'expédition d'Espagne et sur la guerre d'expulsion des Anglais. C'est à la fois un monument historique et littéraire.

Les *Négociations, Lettres et pièces diverses relatives au règne de François II*, tirées du portefeuille de Sébastien de l'Aubespine, évêque de Limoges, publiées par M. Louis Pâris, forment une collection de documents destinée à faire suite aux Mémoires de Condé et à compléter les notions acquises à l'histoire du règne de François II. M. Louis Pâris, qui a découvert ces pièces inédites dans les archives du château de Villebon, a suppléé à ce qui y manquait par de fréquents emprunts à la Bibliothèque royale, aux archives du parlement et à quelques bibliothèques particulières.

M. Michelet a publié le premier volume du *Procès des Tem-*

pliers, qui fut une des affaires les plus graves du moyen âge. Ce volume renferme l'interrogatoire que le grand-maître des Templiers et deux cent trente et un chevaliers ou frères servants subirent à Paris par-devant les commissaires pontificaux. Cette instruction est une sorte d'enquête extrêmement curieuse pour l'histoire des rites, des mœurs, des usages de cette époque. Lorsque la série des pièces sera complétée, M. Michelet en déterminera la valeur et essayera de donner le sens historique du procès. Le second volume de ce recueil est actuellement sous presse.

La commission formée à Besançon par un de mes prédécesseurs, sous la direction de M. Weiss, pour recueillir et publier les *Papiers d'Etat du cardinal de Granvelle* conservés dans la bibliothèque de cette ville, a opéré le dépouillement complet des quatre-vingt-deux volumes in-folio dont se composait ce recueil. Elle en a fait une analyse substantielle et détaillée, a transcrit et annoté toutes les pièces qui ont été jugées dignes d'être publiées, et préparé pour l'impression les matériaux des douze volumes dont se composera cette collection. Les six premiers volumes ont déjà paru ; les autres paraîtront successivement à des intervalles rapprochés. Pour constater l'importance de cette collection, il suffit de rappeler que les documents dont elle se compose embrassent presque tous le seizième siècle, si fertile en grands événements, et que l'on y trouve une foule de détails précieux sur les points les plus dignes d'exciter la curiosité, tels que la rivalité entre les maisons de France et d'Autriche, la réforme religieuse et ses progrès en Allemagne, en France et en Suisse; le divorce de Henri VIII, le mariage de sa fille Marie avec Philippe II, la conquête du Portugal, l'insurrection des Pays-Bas, les guerres de la Ligue, etc. Ces documents répandent un jour nouveau sur tous ces événements et en font apparaître les véritables causes, en initiant les lecteurs aux secrets les plus cachés du cabinet espagnol pendant l'époque de sa plus grande influence. C'est à cette collection qu'il faudra recourir désormais pour décrire les règnes de Charles-Quint, de ançois Ier et de leurs successeurs immédiats, la marche du protestantisme en Allemagne et son influence sur les troubles de la France et des Pays-Bas.

M. Champollion-Figeac a fait paraître le premier volume des *Lettres de rois, reines et autres personnages des cours de France et d'Angleterre, depuis Louis VII jusqu'à Henri IV*, tirées des archives de Londres par Bréquigny, et conservées dans les collections manuscrites de la Bibliothèque royale. Les pièces intéressantes que contient ce premier volume sont précédées d'une introduction dans laquelle M. Champollion Figeac a exposé l'histoire des essais tentés par le gouvernement depuis le dix-septième siècle pour organiser en France un ensemble de recherches historiques. Le second volume des *Lettres de rois*, etc., est sous presse.

M. Champollion-Figeac a été également chargé de diriger une autre publication, qui, sous le titre de *Mélanges historiques*, se compose de deux parties distinctes : l'une est un recueil des notices et des rapports les plus intéressants adressés par les correspondants du ministère de l'instruction publique pour les travaux historiques ; l'autre renferme une suite de documents inédits provenant des collections manuscrites de la Bibliothèque royale et des archives ou des bibliothèques des départements, et qui, par leur peu d'étendue, ne seraient pas susceptibles de former une publication séparée et spéciale. Les deux premiers volumes de ce recueil ont paru. Le troisième est sous presse, et les matériaux sont prêts pour plusieurs autres volumes.

La publication des *Olim*, confiée aux soins de M. le comte Beugnot, membre de l'Institut, est arrivée au troisième volume. Cette collection, renfermée dans quatre registres, contient l'analyse des enquêtes faites devant le parlement, et les arrêtés rendus par cette cour sous les règnes de saint Louis, de Philippe le Hardi, de Philippe le Bel, de Louis le Hutin et de Philippe le Long. Les *Olim* avaient été jusqu'à présent, en quelque sorte, à peine entrevus des historiens et des jurisconsultes, qui tous néanmoins proclamaient à l'envi l'importance de ce recueil d'actes authentiques, dans lequel on peut noter, jour par jour, les progrès que les idées de justice et d'ordre faisaient dans une société régie jusque-là par la violence. Mis désormais à la disposition de toutes les personnes qui prendront pour objet de leurs travaux le domaine de nos anciennes institutions nationales, ces documents révéleront aux historiens le caractère véritable d'une des époques les plus animées et les plus intéressantes de notre histoire, aux publicistes l'esprit d'un gouvernement dont le principe était incertain et la forme compliquée, et aux jurisconsultes les circonstances qui ont fait naître en France un pouvoir judiciaire, dont l'éclat et la puissance sont un des souvenirs glorieux de notre pays. M. le comte Beugnot a fait précéder chacun de ces volumes de savantes introductions, dans lesquelles il fait connaître l'origine et le caractère du parlement, et qui contiennent un exposé complet de l'ensemble du système judiciaire de la France pendant le treizième siècle.

M. Guérard, membre de l'Institut, a ouvert la grande collection des cartulaires de France, qui a été confiée à ses soins, par la publication de deux monuments fort importants : le *Cartulaire de l'abbaye de Saint-Père de Chartres*, et le *Cartulaire de l'abbaye de Saint-Bertin*. Les prolégomènes que le savant éditeur a mis à la tête du premier de ces cartulaires sont à la fois un résumé complet des renseignements qu'il renferme et un exemple frappant du fruit qu'on peut tirer de ce genre de monuments pour l'histoire de la France sous les deux premières races et le commencement de la troisième. Le Cartulaire de l'abbaye de Saint-Bertin, tout en nous faisant connaître la vie intérieure de cette abbaye et ses relations au dehors, nous initie à l'histoire de presque toutes les abbayes, et, sous ce point de vue, fournit les plus utiles renseignements pour l'histoire religieuse et même pour l'histoire politique de la France.

Le même éditeur ajoutera bientôt à ce beau travail trois autres documents non moins importants : le *Cartulaire de Notre-Dame-de-Paris*, qui est sous presse en ce moment (1), le *Cartulaire de*

(1) Ce cartulaire se composera de quatre volumes, qui paraîtront simultanément ; les trois premiers sont déjà imprimés.

l'abbaye de Saint-Victor de Marseille, dont la copie a été préparée pour l'impression, et le *Cartulaire de Saint-Hugues de Grenoble*.

Les *procès-verbaux des états généraux de* 1593, publiés par M. Auguste Bernard, sont destinés à compléter les notions jusqu'à présent fort imparfaites sur ce qui s'est passé dans cette assemblée révolutionnaire. Ces documents sont accompagnés d'un avant-propos historique et de renseignements bibliographiques qui témoignent des consciencieuses recherches et des patientes études de l'éditeur.

Mon prédécesseur, auquel est due l'heureuse idée de la formation d'un *Recueil des lettres missives de Henri IV*, et qui en a confié la publication à M. Berger de Xivrey, membre de l'Institut, a pu mettre sous les yeux de Votre Majesté les deux premiers volumes de ce recueil. Depuis, le troisième volume de cette publication, qui a été accueillie partout avec tant de faveur, a été livré au public, et le quatrième doit paraître dans le courant de cette année.

Mon prédécesseur avait également pensé qu'il serait intéressant, pour l'histoire de la langue et de la littérature française, de publier une série de textes exprimant exactement les mêmes idées à des époques différentes, de choisir à cet effet des versions successives d'une même portion de la Bible et d'en former un tableau comparatif, à partir, par exemple, de la fin du douzième siècle jusqu'au commencement du seizième. M. Leroux de Lincy, qui venait de retrouver dans la bibliothèque Mazarine un manuscrit authentique du douzième siècle cité par Barbazan dans sa préface des *Fabliaux*, avait été chargé de préparer un spécimen de ce travail. Ce travail a paru. Le volume publié par M. Leroux de Lincy renferme les *Quatre livres des Rois traduits en français du douzième siècle*, suivis d'un *Fragment de moralités sur Job*. M. Leroux de Lincy a joint à ces deux documents un choix des sermons de saint Bernard, et a réuni ainsi, dans le même travail, les trois plus anciens textes connus de la langue française.

M. Leglay, correspondant de l'Institut, conservateur des archives du département du Nord, a publié un recueil intitulé : *Négociations diplomatiques entre la France et l'Autriche durant les trente premières années du seizième siècle.* Ces documents sont extraits, pour la plupart, du riche dépôt des archives de Flandre à Lille ; le reste provient de la Bibliothèque du roi à Paris, et des archives royales de Bruxelles. Ils sont extrêmement intéressants pour l'histoire politique de l'Europe pendant cette période, et fournissent d'utiles éclaircissements touchant la ligue de Cambrai, la ligue contre Louis XII, dite la Sainte Ligue, l'élection de Charles-Quint, les affaires des Suisses, la bataille de Pavie, la captivité de François Ier, etc., M. Leglay a fait précéder ce recueil d'un précis historique pour servir à l'intelligence des documents et d'une notice succincte sur chacun des agents diplomatiques qui y sont mentionnés.

M. Aimé Champollion-Figeac vient de terminer une publication qui se rattache en quelques points à celle de M. Leglay et qui lui sert comme d'annexe et de complément. C'est une série de pièces originales, authentiques et inédites, relatives à la *captivité de François Ier*, qui ont été recueillies dans divers dépôts d'archives d'Espagne, de Portugal et d'Italie, et dans les manuscrits de la Bibliothèque du roi. Ces pièces, émanées des plus illustres personnages, ont été inconnues aux historiens de cette époque. Elles révèlent beaucoup de circonstances encore ignorées de la campagne de François Ier en Italie, des suites de la bataille de Pavie, et de sa délivrance après le traité de Madrid en 1526.

Le livre de *Justice et de Plet*, trouvé parmi les documents inédits laissés par M. Klimrath, dont j'ai eu l'honneur d'entretenir Votre Majesté dans un précédent rapport (1), et que M. Rapetti, professeur suppléant au collége de France, a été chargé de publier, paraîtra prochainement. Il ne reste plus à imprimer que l'introduction.

---

(1) Rapport au Roi sur le budget général des dépenses pour l'exercice 1840.

M. Charrière, qui a donné l'édition de la *Chronique de Bertrand Duguesclin*, vient de mettre sous presse le premier volume d'un recueil d'un autre genre, qui a pour objet la *Correspondance des ambassadeurs de France dans le Levant*, de 1530 à 1640. Ce recueil contribuera à éclaircir l'histoire trop peu connue des rapports de la France avec l'Orient à une époque très-importante.

J'aurais désiré, Sire, pouvoir offrir à Votre Majesté, au commencement de cette année, le premier volume du grand recueil des *Monuments inédits de l'histoire du tiers état*, préparé par les soins de M. Augustin Thierry, et si impatiemment attendu par les chambres et par le public. L'état de santé de l'illustre éditeur a seul retardé la livraison de ce volume, dont la préparation a d'ailleurs nécessité les plus longues et les plus laborieuses recherches. Je puis toutefois annoncer, dès à présent, à Votre Majesté que ce premier volume est aujourd'hui entièrement imprimé, sauf une partie de l'introduction. Cette introduction contiendra l'histoire de la formation et des progrès du tiers état jusqu'en 1789. Le reste du volume se compose de documents inédits relatifs à la ville d'Amiens, rangés chronologiquement depuis l'origine de cette cité jusqu'au quinzième siècle, avec des analyses qui font ressortir les points importants de chacune des pièces. J'ai l'espérance de pouvoir le présenter à Votre Majesté avant la fin de cette année. D'immenses matériaux ont été recueillis jusqu'à ce jour pour cette importante collection, dans l'intérêt de laquelle les bibliothèques de Paris et les archives du royaume ont été soigneusement explorées. D'autre part, les correspondants du ministère de l'instruction publique dans les départements ont dépouillé les divers dépôts de leurs localités et ont envoyé des pièces et des indications nombreuses qui forment aujourd'hui un fonds considérable destiné à s'accroître encore. Plus de 40,000 bulletins de pièces dépouillées jusqu'à ce jour suffiraient à former un vaste index de notre histoire municipale. Le recueil des *Monuments inédits de l'histoire du tiers état*, en faisant connaître les rapports de la bourgeoisie avec la royauté, éclairera d'une nouvelle lumière l'histoire, jusqu'à présent trop négligée, de l'ancienne administration du royaume, et donnera, par les documents locaux, l'occasion de rectifications importantes dans le récit des faits généraux. Par les coutumes et par les chartes d'affranchissement qu'il renferme, il offrira des éléments nouveaux pour l'étude du droit au moyen âge. Par les pièces relatives aux métiers, il servira à faire connaître les classes industrielles, leur organisation en confréries religieuses, en corps politiques, et leur importance comme associations militaires pour la défense du pays. On y trouvera, en outre, des renseignements précieux sur le commerce des villes françaises et sur les rapports commerciaux de la France avec l'étranger.

Après avoir présenté à Votre Majesté un aperçu des publications qui ont été terminées ou qui sont actuellement sous presse, j'indiquerai sommairement celles qui ont été décidées, préparées ou projetées, et qui seront exécutées au fur et à mesure que les ressources du crédit alloué par les chambres le permettront.

Je signalerai d'abord à Votre Majesté un recueil d'extraits des *Chroniques d'Angleterre de Jean de Waurin*, qui formera un utile complément aux chroniques de Froissart et de Monstrelet. Les matériaux de ce recueil ont été rassemblés et seront publiés par Mlle Dupont, qui s'est déjà fait connaître dans le monde savant par divers travaux d'érudition historique, et notamment par une édition des *Mémoires de Pierre de Fenin* et des *Mémoires de Commynes* qu'elle a publiés pour la société de l'histoire de France.

M. Libri, membre de l'Institut, prépare la publication d'un *Recueil de documents inédits relatifs à l'histoire des sciences en France*. La copie du premier volume de cette collection est terminée.

Une *Chronique rimée de Martin de Cotigny*, relative aux trente premières années du règne de Charles VI, et qui contient sur les mœurs, les usages et les coutumes de cette époque des particularités qu'on ne rencontre dans aucun des autres chroniqueurs contemporains, sera publiée par M. Yanoski, professeur d'histoire au collége de Henri IV.

M. Depping, qui a déjà coopéré à la collection des Documents historiques par la publication du *Livre des métiers d'Etienne Boileau*, prépare un *Recueil de documents inédits concernant l'histoire de l'administration publique en France pendant le règne de Louis XIV*. Cette publication contiendra un choix de pièces importantes, tirées principalement des papiers de Colbert, et qui seront classées par catégories, selon qu'elles concerneront les Etats provinciaux, les finances, la police, l'industrie, le commerce, la marine, le clergé, les beaux-arts, etc. Elle jettera un nouveau jour sur la marche du gouvernement, sur l'état moral, civil et financier de la France pendant le ministère d'un homme qui a tant contribué à la prospérité du royaume. Elle offrira en même temps un intérêt tout actuel, en ce qu'on y retrouvera, jusqu'à un certain point, la pensée première de la plupart des grands travaux qui préoccupent en ce moment l'attention publique. L'administration elle-même pourra y recueillir de précieux renseignements. M. Depping, qui travaille depuis plusieurs années à la préparation de ce recueil, a déjà dépouillé toutes les collections manuscrites de la Bibliothèque royale, des Archives du royaume et d'autres dépôts publics. La copie des trois premiers volumes est prête pour l'impression.

Parmi les publications qui pourront prendre place prochainement dans la grande collection de nos documents historiques, je dois noter encore un manuscrit qui contient des faits fort intéressants pour l'histoire ecclésiastique de la France : ce sont les *Actes inédits du concile tenu à Perpignan par Benoît XIII en* 1408. Cette publication a été confiée à M. Louis de Mas Latrie.

M. de Courson a été chargé de recueillir et de publier plusieurs *Cartulaires bretons* qui contiennent des documents très-intéressants pour l'histoire de la Basse-Bretagne.

Un recueil de *Pièces relatives aux négociations de Louis XIV avec la cour de Siam* sera édité par les soins de M. Etienne Gallois. Bien que l'ambassade entreprise dans ce pays ne soit qu'un épisode de notre histoire qui n'a pas laissé de trace, il sera curieux de connaître plus complétement, au moyen de ces papiers, les vues du gouvernement de Louis XIV en cette occasion.

Il existe aux Archives du royaume sous le nom de *Trésor des Chartes* un riche dépôt de pièces originales relatives à notre histoire nationale depuis le milieu du onzième siècle jusqu'au milieu du seizième. Une collection de ces pièces, choisie avec discernement, serait digne, par son importance, de figurer à côté des *Acta* de Rymer, dont la publication a fait tant d'honneur à l'Angleterre. M. Letronne, membre de l'Institut, garde général des Archives du royaume, présidera aux travaux préparatoires de ce vaste recueil, qui a été décidé, sur sa proposition.

La publication des *Lettres de Catherine de Médicis* et celle des *Lettres du cardinal de Richelieu*, la première confiée aux soins de M. Busoni, la seconde à ceux de M. Avenel, formeront, avec la Correspondance de Henri IV, un ensemble de documents du plus haut intérêt, qui serviront non-seulement à nous initier d'une manière intime au caractère et à la politique des trois personnages qui occupent une place si grande dans l'histoire et ont eu une si grande influence sur leur époque, mais encore à nous révéler les causes de beaucoup de faits qui n'ont pu être appréciés jusqu'à présent à leur juste valeur. Ces deux recueils seront sous peu livrés à l'impression.

J'ai chargé M. Joseph de Croze d'une autre publication, qui est destinée à compléter celles des lettres de Henri IV et de Catherine de Médicis : c'est la *Correspondance inédite des princes de la maison de Lorraine* qui ont joué un rôle si important pendant les cinquante dernières années du seizième siècle.

Un autre recueil, qui touche à une époque plus rapprochée de nous, est préparé par M. P. Margry. C'est une série de *documents relatifs à l'histoire des anciennes colonies françaises dans l'Amérique du nord*. Ces documents serviront, sous le point de vue d'économie politique, à jeter un nouveau jour sur la question de colonisation française dans ce pays, et, sous le point de vue historique, ils compléteront les divers ouvrages qui ont traité de ce sujet, et entre autres les travaux de Charlevoix. Ils contribueront en même temps à faire mieux apprécier les hommes supérieurs, dignes de la renommée des Vespuce et des Cortès, qui ont présidé à la découverte et à l'organisation de ces colonies, des hommes tels que les Jacques Cartier, les Cavelier de Lassalle, les Jean Talon, les Frontenac, et autres, qui ont tant honoré le nom de la France dans l'autre hémisphère, et dont les services, soit comme chefs d'expédition, soit comme administrateurs, ont été trop peu connus ou trop oubliés.

Tel est, Sire, l'ensemble des travaux exécutés depuis 1835, sous la direction du comité institué pour la publication des monuments écrits de l'histoire de France.

En même temps que de nombreuses et importantes publications étaient ainsi exécutées ou élaborées, le dépouillement des collections manuscrites de la Bibliothèque royale, entrepris dès l'origine de cette institution sous la surveillance de M. Champollion-Figeac, se poursuivait avec activité. Plus de 3,280 volumes ont été complétement dépouillés, 255,000 cartes ou bulletins analytiques des pièces contenues dans ces volumes ont été assemblés et classés par ordre chronologique, et 2,000 de ces bulletins ont été transcrits chronologiquement sur des registres. Ces travaux de dépouillement, tout en ayant pour résultat la préparation d'une espèce de catalogue général des documents de notre histoire nationale, qui a pu être déjà consulté avec fruit par plus d'un savant et d'un historien, ont fourni en même temps quelques matériaux utiles pour la publication des *Mélanges historiques*, dont j'ai eu l'honneur d'entretenir plus haut Votre Majesté. Toutefois ces travaux, quelque profitables qu'ils soient, ne paraissant pas répondre entièrement aux vues des chambres, en ce qu'ils n'ont point pour résultat direct et immédiat d'augmenter la collection des documents publiés, et que la dépense qui y est affectée diminue d'autant le fonds destiné à la publication de ces documents, j'ai cru devoir restreindre d'abord, puis supprimer cette dépense et l'appliquer à des travaux de publication dont les résultats fussent plus prochainement réalisables.

Il me reste, Sire, à entretenir Votre Majesté d'un autre ordre de travaux, de ceux qui concernent l'histoire des arts, et qui sont exécutés sous la direction du comité des arts et monuments.

Ce comité s'est proposé, dès l'origine, d'étudier tous les monuments qui ont existé ou qui existent encore sur le sol de la France, et d'en donner des notices descriptives avec des plans et dessins. De là deux sortes de travaux : des statistiques pour tous les monuments sans exception, des monographies pour les monuments les plus importants. Deux moyens ont été adoptés pour atteindre ce résultat. Le premier consiste à présenter des statistiques et des monographies modèles pour le plan scientifique comme pour l'exécution matérielle; le second à rédiger pour les correspondants du ministère de l'instruction publique et les antiquaires de France des instructions propres à indiquer le plan d'après lequel ces recherches doivent être faites, à déterminer les expressions qui doivent être consacrées dans la description d'un monument et des signes caractéristiques servant à classer les œuvres d'art et à en reconnaître l'âge.

Quant aux statistiques, elles sont de deux natures, celles qui renferment tous les monuments d'un département ou d'un arrondissement, et celles qui ne comprennent que les monuments d'une grande ville. La publication de M. Grille de Beuzelin sur les *Monuments des arrondissements de Nancy et de Toul* offre un spécimen du premier genre de statistique. Une publication de même nature, celle de la *Statistique monumentale de Montdidier* (département de la Somme), a été confiée à MM. Duthoit, Dusevel, Rigollot et Goze, correspondants du ministère de l'instruction publique dans ce département.

Pour modèle de statistique d'une grande ville, Paris a été préféré; Paris, qui possède des monuments de toutes les époques, depuis Jules César jusqu'à nos jours. La *Statistique monumentale de Paris*, publiée par les soins de M. Albert Lenoir, est arrivée à la dix-neuvième livraison, et forme, dès à présent, un ensemble de près de 150 planches, dans lesquelles se trouvent représentées les diverses époques de notre art national, l'époque romaine, l'époque du moyen âge et celle de la renaissance. De nombreux matériaux ont été réunis pour les livraisons ultérieures.

Deux modèles de monographie ont été choisis : *la cathédrale de Noyon* et la *cathédrale de Chartres*. La cathédrale de Noyon, par la beauté de son plan, la sévérité de ses formes, l'harmonie de ses proportions, mérite d'être comptée parmi nos monuments religieux du premier ordre. Cette publication est entièrement terminée. Les dessins ont été exécutés par M. Ramée, et le texte descriptif rédigé par M. L. Vitet, qui a joint à une exacte description du monument des considérations savantes et ingénieuses sur les monuments du moyen âge, et particulièrement sur ceux de l'époque de transition.

La cathédrale de Chartres a paru le monument le plus complet et le plus riche de la France. Elle est, en effet, la plus considérable de toutes par les nombreuses sculptures qui la décorent à l'extérieur et à l'intérieur, par l'étendue de sa crypte, par ses deux flèches occidentales, modèle de l'architecture du douzième et du quinzième siècles, et par la beauté de ses vitraux coloriés. MM. Lassus, architecte, et M. Amaury Duval, peintre, ont été chargés des dessins ; M. Didron, de la rédaction du texte descriptif. Les trois premières livraisons de cette monographie ont paru. Elles se composent de 24 planches. J'ai l'espoir, Sire, de mettre prochainement la quatrième livraison sous les yeux de Votre Majesté.

Le comité des arts et monuments ne s'est pas borné à ces modèles de statistiques et de monographies, qui ne peuvent guère servir qu'à ceux qui sont déjà versés dans la science archéologique. Afin de mettre cette science à la portée de tous, il s'est chargé de rédiger des *instructions* spéciales, détaillées et précises, qui forment à elles seules un travail considérable. Déjà plusieurs cahiers de ces instructions ont été publiés et distribués aux correspondants du ministère de l'instruction publique.

Les deux premiers cahiers traitent spécialement des monuments élevés en France par les Gaulois, les Grecs et les Romains, et durant le moyen âge jusqu'au seizième siècle ; ils sont dus à MM. Albert Lenoir, Auguste Leprévost, Mérimée et Ch. Lenormant, membres du comité. M. Albert Lenoir a fait connaître les caractères distinctifs du style latin et du style byzantin. M. Mérimée s'est occupé de l'architecture militaire ; M. Ch. Lenormant des monuments meubles de la première époque ; M. A. Leprévost, des périodes dites romane et gothique, à partir du onzième siècle, seulement en ce qui concerne l'extérieur des églises ; dans un autre cahier qu'il prépare en ce moment, il traitera de l'intérieur et des dépendances, ou constructions accessoires des églises.

Des gravures sur bois ont été ajoutées à chacune de ces instructions pour en rendre l'intelligence plus claire et plus facile.

Un autre cahier, dont les dessins et le texte sont dus à MM. Albert Lenoir et Mérimée, donne des notions sur l'architecture militaire du moyen âge. Dans ce cahier se trouvent continuées et complétées les instructions publiées antérieurement sur l'architecture militaire des Gaulois, des Grecs et des Romains en France.

Une des formes importantes de l'art chrétien, la musique, n'a pas été oubliée, et M. Bottée de Toulmon, membre du comité des arts, a publié un cahier d'instructions à ce sujet. Il y a joint des *fac-simile* des anciennes notations, depuis le septième jusqu'au quatorzième siècle, et des dessins gravés représentant divers instruments usités au moyen âge.

Un volume d'instructions sur les représentations religieuses exécutées en sculpture et en peinture a été publié sous le titre d'*Iconographie chrétienne*, par M. Didron, secrétaire du comité. Elles sont accompagnées de 150 gravures sur bois dont les dessins sont dus à M. Paul Durand.

Parmi les autres instructions qui doivent bientôt suivre les premières, je citerai particulièrement celles que M. Albert Lenoir prépare sur l'architecture monastique et civile du moyen âge, celles que M. de Saulcy, membre de l'Institut, rédige sur la numismatique française, et celles dont s'est chargé M. le marquis de Lagrange sur les armoiries et le blason.

Ces instructions, en apprenant à connaître la valeur de nos anciens monuments, contribuent à en inspirer l'amour et le respect.

Chargé de perpétuer par des publications spéciales les œuvres d'art remarquables de notre pays, le même comité a pensé qu'il serait curieux de reproduire un vaste ensemble de peintures murales qui existent encore dans une des églises de France, et qui remontent à une époque fort reculée du moyen âge. Ce sont celles de l'*église de Saint-Savin* (département de la Vienne), dont les fresques ont résisté à plus de huit siècles. M Gérard Séguin a dessiné toutes ces fresques, et M. Mérimée, membre de l'Institut et du comité des arts, s'est chargé de la rédaction d'un texte explicatif, auquel il a joint une notice détaillée sur l'abbaye et l'église de Saint-Savin. L'ouvrage entier formera quatre livraisons composées chacune de dix planches coloriées. Les trois premières livraisons ont paru avec le texte complet.

Parmi les documents relatifs à l'histoire des arts, un important manuscrit, découvert par M. Achille Deville, correspondant de l'Institut, dans les archives du département de la Seine-Inférieure, a particulièrement fixé l'attention du comité : ce sont les *Comptes de dépense du cardinal d'Amboise, ministre de Louis XII, relatifs à la construction du château de Gaillon.* On trouve dans ces comptes des détails complets sur les travaux exécutés pour l'érection de ce château célèbre, dont Paris possède quelques magnifiques débris au palais des Beaux-Arts. La publication de ces comptes, que M. Achille Deville prépare en ce moment, servira à rectifier de graves erreurs accréditées sur la date de la construction de cette résidence et sur certains faits qui s'y rattachent. Elle fera connaître des noms d'artistes ignorés jusqu'à ce jour, et donnera des renseignements curieux sur le prix de la main-d'œuvre et des matériaux en tout genre de cette époque.

Le comité publiera également, sous le titre de *Mélanges*, une série de documents relatifs à l'histoire des arts, qui, pris isolément, ne pourraient devenir l'objet d'une publication spéciale. De nombreux matériaux ont été réunis à cet effet. Ce recueil sera, pour les monuments figurés, analogue à celui que l'autre comité historique publie, sous le même titre, pour les monuments écrits. Il sera accompagné d'un autre *Recueil sur les artistes français du moyen âge*, dont la publication est confiée à M. Didron.

Les documents qui concernent l'histoire de la musique au moyen âge ont aussi occupé l'attention du comité ; et une importante publication se prépare sur cet objet, par les soins de M. Bottée de Toulmon.

En même temps que ces diverses publications sont achevées, poursuivies ou préparées sous la surveillance du comité des arts et monuments, les *bulletins* de ses séances sont publiés régulièrement depuis 1840. Ce recueil de bulletins, qui forme aujourd'hui trois volumes et demi, contient, avec le compte rendu des séances et des travaux du comité, les notices et les rapports les plus intéressants envoyés par les correspondants du ministère de l'instruction publique. On y a inséré aussi quelques fragments de pièces inédites sur l'histoire des arts. La lecture de ces bulletins peut donner une idée de l'activité des travaux du comité, de l'étendue de la correspondance qu'il entretient, par l'entremise du ministère de l'instruction publique, avec les antiquaires et les archéologues de nos départements, et de l'influence salutaire qu'il y exerce, en propageant le goût pour nos antiquités nationales et le culte de nos anciens monuments.

Je ne puis, Sire, terminer cet exposé des travaux historiques, exécutés sous les auspices du ministère de l'instruction publique, sans rendre hommage au zèle soutenu et désintéressé des membres de chacun des comités historiques dont les lumières ont si utilement dirigé ces travaux, ainsi qu'à l'activité des correspondants institués dans les départements qui s'y sont associés avec tant d'ardeur et d'une façon si profitable.

J'ose espérer, Sire, que les résultats obtenus jusqu'à ce jour justifieront aux yeux de Votre Majesté les sacrifices que l'Etat s'est imposés pour la réalisation d'une si noble entreprise.

Je n'entrerai pas ici dans le détail des dépenses affectées à ce service (1). Mais si l'on songe aux longues et laborieuses recherches qu'ont rendu nécessaires le plus grand nombre des ou-

(1) Voir les comptes définitifs des dépenses des divers exercices depuis 1835.

vrages déjà publiés, à ce qu'ont coûté de difficultés et exigé de travaux préparatoires des publications telles que la *Collection des monuments inédits de l'histoire du tiers état*, collection à laquelle concourent tant de collaborateurs et de correspondants, et qui absorbe depuis plusieurs années les soins de l'illustre savant chargé de la diriger, telles aussi que les *Recueils des lettres de Henri IV, de Catherine de Médicis, du cardinal de Richelieu*, pour lesquels il a fallu explorer toutes les bibliothèques et les dépôts d'archives de Paris et des départements, et visiter les archives des pays étrangers; si l'on considère le nombre et l'importance des matériaux déjà réunis et préparés pour des publications ultérieures; si l'on tient compte en même temps des soins donnés au matériel de la collection des documents historiques, à la correction du texte, à la bonne exécution des dessins et des gravures, à tous les détails accessoires de format et d'impression qui contribuent à donner un air monumental à cette collection, on se convaincra facilement que le crédit alloué jusqu'à ce jour par la libéralité des chambres, loin d'avoir été excessif, a été à peine suffisant pour rémunérer convenablement les travailleurs et subvenir aux frais du matériel.

La collection des documents de notre histoire nationale, tirée à plus de mille exemplaires, est venue enrichir les plus importants de nos dépôts et établissements scientifiques. En outre, le gouvernement en a pu faire don à un grand nombre d'établissements étrangers, qui n'y attachent pas un médiocre prix; et, s'il est une preuve, honorable pour la France, de l'estime dont jouit ce travail aux yeux de la science étrangère, c'est l'empressement avec lequel il a été imité dans des pays voisins. En Belgique, en Espagne, en Italie, en Allemagne, il s'est formé des commissions, à l'exemple de nos comités historiques, pour la publication des documents nationaux : des collections sont commencées sur le plan des nôtres, et nous avons sujet de nous féliciter d'avoir, dans cette voie comme dans beaucoup d'autres, marché à la tête des autres nations.

J'ose avoir la confiance, Sire, qu'en présence de tels résultats une entreprise si nationale, qui honore à la fois votre règne, les chambres et le pays, ne sera pas jugée par son exécution inférieure à la pensée qui l'a conçue et aux encouragements éclairés qu'elle a reçus.

Le Ministre Secrétaire d'Etat au Département
de l'instruction publique,

SALVANDY.

Paris, Imprimerie de Paul Dupont.

www.ingramcontent.com/pod-product-compliance
Lightning Source LLC
LaVergne TN
LVHW020458230826
846091LV00008BA/3279
9782016171684